6070 시인선

취리히의 밤

강세환 시집

독자노선

시인의 말

이 시집의 여러 풍경은 내가 보았던 그 풍경과 전연 다른 풍경이 되었을 것이다. 아마도 좀 다르게, 틀리게 혹은 거리를 두고 싶었을 것이다. 농담 좀 섞어서 말하고 싶었을 것이다. 그리하여 유용한 것보다 무용한 것에 가까울 수밖에 없었다. 어떤 대상을 놓치거나 대상에 대한 재구성은 또 그럴 수밖에 없는 것이다. 대상이 사라졌다는 것이다. 이 순간을 '탈(脫)대상화'라고 부르고 싶다. 사이프러스 등 낯선 나무들도 많이 보았지만 어느 순간 그 많은 나무들도 그냥 하나의 기표가 되고 말았다. 여행이 그렇듯 시가 그렇듯 삶이 그렇듯 문득문득 어떤 고정관념의 힘으로부터 벗어나고 싶었을 것이다. 그리고 이제 비로소 쓰잘데기 없는 시를 쓸 수 있을 것 같다.

2025년 10월
강세환

차례

1부

2부

3부

침묵의 시간
—두바이 공항에서

중동의 사막에서도 지중해 연안에서도

비즈니스든 관광이든 난민이든 히잡 썼든 모자를 썼든

오! 침묵의 동지들이여

여기 알맞은 공기와 자국의 언어를 입천장에 붙여두고

과거는 내려놓고

만국의 평화와 휴식과 잡념을 위하여

온 힘을 모아 다 함께 침묵하자

침묵은 사막의 바람보다

아침마다 지구촌 곳곳에서 피어나는

이 세상의 모든 꽃보다

더 빠르고 깊다

그리고 여기서 잠시 경유하는 승객들보다

넥타이 풀고 앉아 있는 뭇 한량들보다

이 지루한 권태보다 더 오래 갈 것 같고

간절한 기도보다 더 멀리 갈 것 같다

소소한 잡담과 침묵의 침묵과

이 견고한 결집과 무언의 연대와 약간의 소외와

세상의 모든 개소리를 죽이는 침묵이여

피렌체 골목에서 1

저 미켈란젤로 공원 언덕에서 보면
인간은 선도 아니고 악도 아니다
선한 것도 악이 되고
악한 것도 선이 된다
더 멀리서 보면
구름이 달이 되고 달도 구름이 된다
골목도 달빛도 광장도 가게도
밤이 되면 가슴이 뛰고 시가 되고 어둠이 되고
다음 날 날이 밝으면 빛이 된다
오늘 하루 종일 동행한 저 평원의 사이프러스 나무도
이 나라의 모든 나무들도
집시 행색의 저 나그네도
새벽 여섯 시가 되면
어김없이 일어나야 하는 이 패키지 일정도
돈 때문에 글을 쓰고 여자도 만나고
돈 때문에 도망 다녔다는 발자크의 생애도
어둠이 되었다가 빛이 된다

피렌체의 밤

오후 네 시

하교 시간 초등학교 앞 학부형들과

아르노 강변의 풍경이 배경이 되고

다시 배경이 풍경을 잊을 때까지

배경도 풍경도 비대상이 될 때까지

늦은 오후가 되어도

저녁 여덟 시 넘어도 어두워지지 않던 이 힘찬 밝음!

땅거미, 노을, 저녁 무렵 그런 것도 없이

밤은 또 어디서부터 시작되는지

서울 같으면 편의점 하나 있을 법한 저 길목의 어스름도

저녁 내내 들고 있던 이 시의 초고도 놓아두면

이 창가 자리가 갑자기 밤이 된다

밤이 되면

모든 물상은 또 각자의 세계가 된다

이 피렌체의 밤은 시가 된다

멀리서 받은 문우의 부고(訃告) 문자는 밤이 되지 못하고

시도 되지 못한다

피렌체 골목에서 2

1.

피렌체 두오모 성당 근처

낯선 골목도 자꾸 걸으면 낯익은 골목이 되고

한 번 더 꺾으면

골목은 사라지고 일행도 사라진다

한 번 더 꺾으면

막혔던 길도 뚫리고 없던 길도 다시 생긴다

나도 길 하나가 된다

2.

노천카페 앞에서 시거 입에 문 노(老)신사와 아주 짧은 미소
를 주고받으며 지나간다

그도 나도 지나가는 시도 지나가는… 그러나 지나가지 않는
것도 있다

비록 남의 여자가 되었다 해도 이 세상에 없다 해도 그 이름
을 잊지 않고 되뇌었던 그 이름이여!

이 세상 어디 남아 있는 그 이름이여!

나도 한 번 불러보고 싶던 이름이여!

사랑하는 만큼 반드시 헤어져야 했던 그 이름이여
하늘에서도 땅에서도 그 이름이여 베아트리체!

3.
그러나 고향을 떠나 세상 밖을 떠돌던 사내여
이 세상엔 고향을 떠난 사내들이 왜 그리 많은가
'사내들은 고향을 떠나야 하는가'
오래되고 멀리 있는 것들을 생각하는 이 밤의 고독이여
고독은 천천히 침묵이 되고 흐르는 강이 되고
방금 바로 앞에 가로막혔던 길이 열리고
강 건너 언덕 위에서 보던 하늘도 열리고
드디어 환하게 이 광장의 길도 열린다
더 어두워지지 않던 이상하게 환한 이 밤도
당신이 어딘가 깊이 찔러두었던 비밀도
숙소 앞 텃밭 너머 주문진 천주교회만한 성당 문도 열린다
마음속에 굳게 닫힌 것도 열린다

피렌체 광장에서

늦게 나선 관광도 없고

늦게 시작한 사랑도 없고

남보다 늦은 인생도 없다

나이 다 먹고 길을 나선 영국인 관광객 노부부

늙은 남편을 앞에 세워두고 사진 찍어주던

늙은 아내

그 옆을 쓰윽 지나가던 그 나이쯤 관광객 노부부

늙은 남편을 세워놓고

그 아내는 앞의 노부부를 나란히 서 있으라 하고

사진을 찍어준다

치즈! (김치!)

갑자기 내 발걸음이 훨씬 더 가벼워진다

소매치기도

난민도

노숙자도

광장 바닥에 앉아 손 편지 쓰던 금발의 여자도

포도주도 잘 읽어가는 밤이 될 것이다

관광객 노부부도 깊은 잠이 들 것이다

단테의 생가 앞에서

단테는 무슨 힘으로 지옥에도 가고 연옥에도 갔을까

그는 또 무슨 힘으로 천국에도 가고

신의 시대에

인간의 힘으로 살아냈을까

그는 어떻게 지옥에 처박힌 생전에 멀쩡했던 자들을 만났을까

그는 무슨 힘으로 라틴어 시대에

피렌체 방언을 섞은 『신곡(神曲)』을 썼을까

두오모 성당 근처

옆에 있던 이탈리아 중년 여자가 단테를 콕 찍어서

왜 이탈리아어의 아버지라고 했는지

조금 더 이해가 되었다

이 피렌체에서 강제 추방당한 자여

지옥보다 연옥보다

천국보다 더 먼 곳으로 망명길을 떠돌던 자여

그대의 연인은 그대의 행방을 알고 있었는가

그대의 베르길리우스는 다 알고 있었는가

큰 그림 하나

베네치아 곤돌라에서 일어서지 말 것

한쪽으로 몰려 앉지 말 것

균형을 잡고 얌전하게 앉아 있을 것

저기 입에 담배를 문

젊은 커플이 베란다에 나와 있던 호텔 3층 창가

아! 저쪽 건물 2층 헤밍웨이 머물던 곳!

제 몸보다 더 작은 삐걱대던 탁자 앞에 앉아

글 쓰던 작가의 흑백사진이 떠오른다

베네치아 뒷골목 어디쯤 발 쭉 뻗어 빈 깡통을 걷어차던 그
의 스냅 사진 또 한 컷!

한 동네 주민으로서 헤밍웨이 알 것도 같은

큰 창(槍) 같은 노를 잡고 선

굵은 줄무늬 셔츠의 늙은 뱃사공!

큰 그림은 무엇 하나 빠지지 않고 있어야 완성된다

강을 건넌 자는 더 큰 강을 또 건너야 한다

산을 오른 자는 더 큰 산을 올라야 한다

외로움과 괴로움을 아는 자는 알고 있을 것이다

어느 분야든 대가(大家)는 그럴 것 같다

물의 도시

그들은 마침내 살 길을 찾아 바다로 눈을 돌렸다

그 어떤 육상 교통수단도 없다

이 세상에선 전무후무한 뻘 위의 인공섬

저 늪지대에 수천만 개의 오리나무 말뚝 박고 또 박고

수백만 개의 돌을 쌓고 또 쌓고

섬과 섬을 이어서

1500년 된 수상(水上) 도시 국가

또 수백 개의 다리로 연결된

섬과 섬

다리 아래 운하에서 본 저 깊은 바다의 색보다

더 기막히게 높고 깊은 지중해식 하늘색!

나는 젊은 날 저 푸른색에 되게 흔들릴 때가 많았다

유독 저 푸른색에 취할 때도 많았고

또 견딜 수도 없었다

카페에서

1.

어린 딸을 안은 보들레르가 지나갔고 걸음이 빠른 폴 엘뤼아르는 패키지 깃발을 들고 쫓아간다 화장실 앞에는 1유로 든 폴 발레리가 서 있었고 니체는 벽에 붙은 흐린 거울을 뚫어지게 보고 있었다 24인치 캐리어 끌고 가는 이는 뒷모습만 봐도 라이너 마리아 릴케 같은데 더 이상 돌아보지 않았다 루 살로메는 또 기차를 놓친 것 같다 누구는 이탈리아 남쪽을 향해 내려왔고 나의 남은 여정은 북쪽을 향하고 있었다 사촌과 사귀었던 하인리히 하이네는 국경을 넘을 생각인 것 같다 그때 낙타를 타고 가던 랭보가 "시인 동지들! 안녕!" 주먹을 번쩍 들었다

2.

"혹시 단테 선생이 어느 성(城)으로 갔는지 아는가?"

"이리 가까이 오게!"

앞으로 가까이 가자 한 대 후려치면서

"셋이서는 함께 역모(逆謀)를 꾸미지 않는 법이라네. 내일 찾아오게."*

* 『마조록』

산 마르코 광장

핫 초콜릿 한 잔 마시고

또 골목 투어

이번엔 혼자 나섰다

길이 막히면 돌아서고 길 잃으면 저 동쪽 원기둥 청동 사자

상만 찾으면 된다

길이 뚫렸다

사회적 계급과 신분과 성별을 뛰어넘은 가면무도회!

그래 바로 저거다!

억압은 억압이고 해방은 또 해방인 것이다

자유도 평등도 마찬가지다

카사노바가 왜 여기서 나왔는지 알 것도 같다

세상에 걍 하늘에서 뚝 떨어진 것은 없다

가자! 나가자!

삼시 세끼 잘 챙겨 먹을 줄도 알아야 하지만

또 좀 놀 줄도 알아야 한다

이 따위 가면도 벗어던지자

타자의 언어와 타자의 권력으로부터 벗어나자

당신의, 당신의 시선으로부터

산타 루치아

길 위에서 산타 루치아 부르던 현지 가이드

산타 루치아는 어느 쪽인가?

그보다 한국의 중고등학교 음악시간에

이탈리아 말 하나 아는 것 없어도

이탈리아 가곡을 원어로 배우고 불렀다는 걸 알고 있을까

산타 루치아는 기본이고

돌아오라 소렌토로

카로 미오 벤 크레디욜 맨 센자디테…

밖에선 한대수 김정호 송창식 김민기 둘다섯 불렀고

이루어질 수 없는 사랑 불렀지만

밖으로 더 나가면 뭐가 있는지 알고 있었다

그보다 음정 하나 단어 하나 삐끗하면

되돌아오고 또 되돌아오던 혹독한 음악시간이여

되돌아갈 수도 없는 저 밖의 시간이여

간과할 수도 없는 것들이여

턱 괴고 앉아 있던 생각하는 사나이여

'오, 배를 타는 일은 얼마나 멋진가'

산타 루치아

물 위에서 사는 법

베네치아만 알고 있는 뱃길이 있고

바람도 있다

섬이 된 베네치아도 알고 있어야 하고

구름도 태양도 갈매기도 사랑도

바다가 되고 노래가 된다는 걸 알고 있어야 한다

노래가 되고 나면 바람이 된다

여기 괴테와 나폴레옹의 역사도 알아야 하고

일몰시간과 별자리도 알고 있어야 한다

곤돌라 노선은 익히 알고 있어야 하고

올해 카니발 일정도 알고 있어야 하고

말뚝의 높이와 바다 속도 알아야 한다

베네치아 FC 경기 일정과 일 년 강수량도 알아야 하고

바로 앞의

그대 가슴속 빈자리도 알고 있어야 한다

뜬구름 하나쯤 잡을 줄 알아야 한다

밀라노 대성당 가까운 돌계단에 앉아서

1.

젊은이들 틈에 끼여 저 두오모 꼭대기를 쳐다본다

하늘을 향한 저 형상은

체급도 다르고 천상은 더 오를 수도 없는 곳 같다

미켈란젤로도 레오나르도 다빈치도 몇 개의 거대한 미완을

남겼다

미완의 완성이여

아무나 완성하고 누구나 미완으로 남는 게 아니다

2.

좀 전에 피혁점에 들러

3만 원짜리 수제 가죽 허리띠 들었다 내려놓던 것도 미완?

미완의 완성이여

다시 줄담배 피우는 젊은 애들 뒤에 조용히 앉아

미완의 저 구름장들을 쳐다본다

몇 해 전 담배 끊은 것도 미완이었을까

어디까지가 미완이고 어디까지가 완성일까

3.

할(喝)! 생각에 푹 빠지면 중생이라고 했던가?

어디서부터 어디까지 부처라는 것인가

중생이 미완이면 부처는 완성인가

조사(祖師)는 미완의 완성 아닐까

에어컨 소리든 항공기 엔진 소리든 저 줄지어 선 사이프러스 나무든

지금! 있는 그대로 보면 부처라고 했던가

여기서 이 시를 탈고하면?

광장에서

1.

저 흥 좀 봐!

기타 하나 들고 온몸으로 노래하는 흑인 가수

저 흥에 끌려 1유로짜리 하나 들고

마치 꽃 한 송이 들고 선

관광객 1인

소매치기도 먹구름도 바람도 폭우도 광장도 저 성당도

권력도 신분도 인종도 지역도 자본도

겁 하나 내지 않던

기타쟁이!

2.

경복궁 광화문 앞에서 동십자각에서 종로에서 여의도에서

부산에서 대구에서 광주에서

제주에서 동해에서 여수에서

기타쟁이들 오라!

누군가 기타 하나로 광장을 흔들어라!

광장을 한번 들었다 놓아라!

3.

여기서 할 말은 아니겠지만

담부터는 무엇보다 대선 후보자 토론 형식도 바꾸자

틀을 깨자

대선 후보는 정책 하나만 갖고 공개 토론하게 하자

날을 잡아

시간, 주제, 형식 등 무제한 토론을 생중계 하자

한번쯤 일대일 지명 끝장 토론도 하자

장관급 인사는 지난 정부 인사 배제 7대 원칙 적용하여

국회 인사청문회 전, 컷오프 할 일은 하자

(…하략…)

밀라노에서의 산책

1.

내가 너무 멀리 있는 것 같고

이 길은 오래된 것도 같다

그렇다면 오래된 길을 걷자

움베르토 에코가 5만 권의 책을 천장까지 쌓아놓고 살았다

는 그 자체가 전설이라고 하던

여기 밀라노 아파트는 저쪽인가?

그가 인터뷰 도중 아내와 기자와 함께 저녁 먹으러 갔던 식

당은 이쪽인가?

내 앞에서 검은 비둘기가 고개를 두어 번 끄덕이던 아 저 골

목 어디인가?

2.

밀라노의 이 길은 카페 거리보다 패션의 거리 같다

밀라노에도 두오모 대성당은 있지만

저녁 시간대 황금 노을빛 산책로도 있지만

패션 가게가 한 집 건너 아니라 하나같이 어깨를 맞대고 있다

나 같은 문학 애호가보다 패션 애호가의 도시 같다

쇼핑도 예술이 되고 관광이 된 도시

내 귀에도 들어봄직한 명품 브랜드가 줄지어 선

그때 저 쇼윈도에 대문짝만한 광고판!

아이슬란드 국제워크캠프에서 만난

딸내미 이탈리아 패션모델 친구 안토넬라 양 사진이 눈에 번쩍 띄었다

아닌가?

맞는데…

3.

여긴 조용한 주택가인가 내 키만한 담장과 한적함과

잘 다듬은 나무와 개 짖는 소리와

산책 나온 부부와 이탈리아 북부의 색다른 풍경과

이런 정경이 한꺼번에 확 다가온다

보는 것도 걷는 것도 먹는 것도 중하지만

쉬는 것도 즐기는 것도 그만큼 중하다

앗! 저녁을 건너뛰고 별만 쳐다보던 중세의 어느 밤처럼 밤이 된 것 같다

밤이 되면 몸 잔뜩 움츠리고 대지를 향하여 납작 엎드려야
하는가

저 골목의 어둠도 납작한 밤이 되었을까

아님 아주 짧은 어느 오페라 대사 한 줄이 되었을까

별이 그랬듯이

바람이 그랬듯이

2부

로마 시편

오래된 것은 멀리 있다

이 골목에선 저 골목의 끝을 생각하고

저 골목에선 이 골목의 끝을 생각한다

이윤기의 그리스 로마 신화에 나오는 잃어버린 모노산달로

스도 생각하지 말고

포크에 스파게티를 돌돌 말아서 먹던

푸른 눈의 여학생들처럼

나도 스파게티를 포크에 돌돌 말아서 먹어본다

어둡고 환한 이 카페 골목도

이 독특한 이국의 냄새도

제국의 명운을 지켜보던 저 성벽도

다시 중세의 떠돌이처럼

길을 잃어도 또 헛돌아도 저 골목의 모퉁이까지 걷는다

스파게티가 장미꽃에 속을 일이 없듯이

장미꽃이 태양에 속을 일이 없듯이*

*졸저, 『풍경과 심경』(2024)

로마의 비 1

고대 로마 제국 시절
챔피언 검투사와 노예 검투사의 결투는
갑자기 내린 폭우로 순연되었다

결투는 순연되었지만
빗소리보다 더 큰 원형 경기장 관중들의 함성은
하늘만 빼고 모든 것을 다 찌를 것 같다

모든 혈투가 그렇듯
이 한 판에 둘 다 죽거나 하나만 살아남아야 한다
챔피언 검투사와 노예의 운명은
한 치 앞도 내다볼 수 없다는 것!

아주 분명한 것은 뭇 사람의 운명도 황제의 운명도 알 수 없
다는 것
네가 죽고 또 네가 살아남는다 해도
더 이상 알 수가 없다

로마의 비 2

그날 밤 마구간 옆에 딸린 임시 숙소에
검투사 둘이서 뚝 떨어져 앉았다
이 비 그치면
그들은 하늘이 아니라
황제가 아니라
서로 어디를 푹 찔러야 하는지 알고 있었다
그것은 또 산 자의 운명이었다

그것은 간밤에 내린 강수량을 알 수 없듯이
먼 곳에 있는 신들도 알 수 없고
주술사도 알 수 없다
누군가 꽃을 툭 꺾어 멀리 던지듯
누군가 길을 잘못 들어 헤매듯
한 번 거세된 자는 또 어디선가 거세될 수밖에 없다
이것은 은밀한 비밀도 아니고
역사도 아니고 진리도 아니다

로마에 와서

멀리서 보면 잘 보이는 것도 있다

동아시아 저 반도에서

육십 줄도 쓰고 팔십 줄도 쓴다

나도 쓴다

매일매일 키보드 앞에 앉아 시를 쓰는 자는

늙지도 않고 죽지도 못한다

호주머니에 넣었던 메모지와 볼펜을

또 급하게 꺼낼 수밖에 없었다

급한 것도

다정(多情)도 시인의 일이라는 것!

〈로마의 휴일〉 중 늦은 밤 택시에서 내린

오드리 헵번이

그레고리 팩을 대사관 앞에 두고

급하게

어둠 속으로 휙 돌아서 뛰어갈 때처럼

로마를 떠나며

로마에서 오르비에토 상행선 구간

강원도 산하와 비슷한 오른쪽 풍경을 놓치지 마라

구름, 들녘, 능선, 안개…

대관령 안개의 20배 30배쯤 되는

이탈리아식 안개 군단(軍團)

저만한 군단이라면 제국의 군대도

더 큰 세상의 권력도

한꺼번에 무찌르고 남을 것 같다

제국은 또 제국이었다

광장, 마찻길, 고대 유적지와 신전, 돌기둥과 조각, 자부심, 신화와 서사, 원형 경기장, 성벽, 바티칸 미술관 등등

제국은 과거를 보여주는 것

현재도 다 보여주는 것

그러나 막강한 제국도 돌이킬 수 없는

과거가 되는 것

슬로 시티

1.

저 골목은 어디서부터 시작된 걸까

저 골목이 끝나면 무엇이 되는가

저 장엄한 종소리는 석양과 함께 저물어 가고

골목 끝에 남은 종소리는 무엇이 되는가

좀 전에 막혔던 길이 확 뚫릴까

오르비에토 뒤에 남는 게 뭘까

오르비에토의 골목은 오르비에토의 골목을 기억할까

내가 뛰어다닌 골목을 이 골목은 기억할까

2.

오래된 것은 천천히 또 아주 느리게 멀리 가는 것!

저 중세의 골목을 지나 골목을 나서면

오르비에토 두오모 대성당!

신앙이나 역사나 서사는 오랜 시간이 필요하다

저 지하에 있다는 올리브 압착기와 비둘기 사육장과 깊은

우물과 곡물 창고와 비밀 통로와 깊은 무덤과

저 수많은 지하 미로만큼 많은 비밀을 두고

3.

텅 빈 골목 한가운데 남은 나는 또 무엇인가
저 골목은 골목을 억압하고 있는 것 아닐까
이 꽃은 꽃을 억압하고 있는 것 아닐까
나는 이 세계를 또 무엇이라 불러야 할까
종소리는 종소리를 배반하고 꽃은 꽃을 배반하고
오르비에토엔 오르비에토가 없는 것인가

4.

저녁과 노을과 고요와 먼 들녘과 적적함만 남았다
이 언덕에서 앞뒤 싹 다 잘라내고 보면
이 골목이 저 골목을 기억하지 않는 것처럼
내가 너를 기억하지 않는 것처럼
떠난 자는 떠났고 남은 자만 남아 있는 것 아닌가
술에 찌든 자와 시에 찌든 자는
저 나무처럼 이 지상의 끝에 홀로 남아 있으리라
그냥 간신히 남아 있으리라
저녁마다 읽어야 할 시와 포도주도 남아 있으리라

이탈리아 A1 고속도로

어느 권력자는 태양의 도로라 했고

어느 권력자는 여자 친구 때문에 만들었다는 에피소드도
많은 고속도로

동서고금 큰 도로는 최고 권력의 산물인가

우린 근사한 에피소드나 낭만이 없다

사생활도 없다

뭐든 피와 땀과 눈물로 만든 것 같다

가도 가도 경부 고속도로와 똑 닮았다

파독 광부와 간호사의 봉급을 담보로… 다시 또 뜨거운 피
와 땀과 눈물과

청계천과 구로 공단과 울산과 인천과 부마와 오월 광주와 유
월 항쟁과 촛불과 응원봉과

다시 또 뜨거운 피와 땀과 눈물과 이 반복과 불안과 억압과
분노와 슬픔과 아픔과 외로움과 허탈과 허상과 환영(幻影)과
침묵과

다시 또 뜨거운 피와 땀과 눈물과…

뭇 소리의 향연

저 소리는 무엇인가

숙소 앞 폭주족 오토바이 머플러 터지는 소리

이 동네 주민들은 소음도 즐기는가?

나갈까

골목과 골목을 또 생각하고

많은 광장도 생각하고

이 밤엔 역사도 생각하고 영웅도 생각한다

공공 병원 의료비 대부분 무료

일단 축구에 꽂힌 나라

낮은 대학 진학률…

그만 하자

새벽 다섯 시 반 또 무슨 소리에 선잠을 깼다

숙소 앞뒤로 저 우렁찬 소리는 또 무엇인가

휘파람새?

굿모닝!

꽃 한 송이

여기서도 장미꽃은 피었다

그것도 도심 한가운데 공원묘지 옆의

노인 둘이 앉아 있는

벤치 옆에서 피었다

저 꽃이 피는 사이에도 흐르는 물은 흐를 것이고

노래 부르는 사람은 노래 부를 것이고

사랑하는 사람은 사랑을 할 것이다

이 많은 미소 앞에서

어디서든 눈물 흘리는 자는 보이지 않는다

눈물은 어디서 흘려야 하는지

비는 어디서 내려야 하는지

이 바람은 어느 장벽에 부딪쳐야 하는지

꽃은 또 어디서 피어야 하는지

누가 더 사랑해야 하는지

진한 이 커피는 언제 마셔야 하는지

쓸쓸함은 무엇으로 위무해야 하는지…

마셔!

부어!

괴테의 이탈리아 기행을 읽던 밤에

아무리 보아도 평원만 있고 아무것도 없다

통쾌하다

더 돌아볼 뒤가 없다

뒤끝이 깨끗하다

평원만 계속 보다 보면 복잡한 생각도 단순해진다

그냥 평원을 달리는 것!

뒤도 돌아보지 않고 앞만 보고 달려야 하는

여자 땜에 야반도주하는 사내처럼

돌아갈 길을 툭툭 끊어야 한다

이제 더 이상 돌아보지 않아도 된다

추억도 인연도 오래되면 집착이 되고 관념이 된다

진지하고 엄숙한 것도 쓸 데 없는 짓!

고개 한 번 휙 돌아보면

가슴높이쯤에 닿는 게 뭔지 알 수 있다

가슴 뛰는 게 뭔지 알 수 있다

저 환한 미소!

저 나무 하나!

3부

길 위의 나무들을 위하여

왜 길 위의 나무가 되어야 하는지

이제야 알 것 같다

길 위에서 유독 말이 많았던 것 같구나

집을 나서기 전

사람을 만나거든 벙어리가 되라는

법정 스님의 말을 또 잊어 먹고 말았다

벙어리가 되는 것도

사람을 만나는 것도 헤어지는 것도

집을 나서는 것도

남의 나라 길 위의 많은 나무들을 보고 나서야 알았다

아무나 벽과 마주 앉아 있는 게 아니다

아무나 집을 나서는 게 아니다

아무나 말을 하고 아무나 말을 새기는 게 아니다

시가 어디서 싹 트는지 보라

명상은 어디서부터 시작되는지

또 한 줄 지우고 나면 알게 될 것 같다

인도 여자

호텔 조식 중 옆자리 인도 여자

앉자마자 K-뷰티부터 꺼낸다

3400미터 융프라우 휴게소에서 먹었던

컵라면은 입에 올릴 수도 없다

K-드라마 K-팝 K-무비도 대단하지만

밖에선 단연 K-뷰티가 대세다

얼마 전 영국에서 온 관광객은 다이소에서

무슨 화장품 스물 몇 개 샀다고 한다

밖에서 보면 성당, 유적지, 박물관, 미술관, 고성(古城),

스토리텔링으론 상대하기 어려워도…

K-푸드도 뜰 것 같다

비빔밥 괜찮고 불고기 괜찮고 감자탕도 괜찮고

김치, 라면, 김밥, 치킨, 떡, 과자, 피자 괜찮고…

무엇보다 좀 더 창의적일 것!

맛과 멋도 살릴 것!

두 마리 토끼를 다 잡아야 할 것!

K-시(詩)는 어느 세월에 뜰 거나?

저 평원을 가진 자

강원도 대관령쯤에서나 할 수 있는 일이다
롬바르디아 평원과 또 해발 수백 미터의 평원이라니
대관령 너머 평원 수십 개 갖다 놓은 것 같다
양떼들도 호사다
평원을 가진 자는 저렇게 사는구나
더 비워야 할 것도 더 끌어당길 것도 없는 것 같다
큰 나라가 나서도 할 수 없는 게 있다
독립 운동한다고 되는 것도 아니고
먼 데 있는 평원의 평원은 저런 것이었다
저기 기표만 남은 나무를 보라
수사나 기교, 상징도 없이 기표만 남겨둔 것 같다
기표마저 빠지고 나면
군데군데 한 주먹쯤 한 주먹쯤 남아 있는
딱 그만한 공백만 남을 것 같다

어느 타이피스트의 꿈

두 팔을 쭉 뻗은 여자를 사진 찍어주던 남자, 그 여자를 바라보며 행복하게 보여요! 라고 쓸쓸하게 말하던 마치 비밀을 털어놓던

내 바로 옆의 여자가 오늘의 시가 되었고 오늘의 시인이 되었다

나하고 갑장인 경기도 용인 출신 그와 버스 트렁크에서 남의 캐리어까지 다 꺼내놓던 나를 뒤에서 눈여겨보았던 저이도 오늘의 시인이라고 하자

밴쿠버에서 날아온 딸과 취리히 중앙역에서 체코로 넘어가던 나와 같은 성(性)씨인

명랑하고 씩씩한 그이도 시인이라고 하자

저녁 시간에 테이블 한쪽에서 캔맥 마시던 우리 패키지 가이드도 시가 되었고 오늘의 시인이 되었다

내가 미국 노인과 번역기 놓고 대화하려던 순간, 부리나케 달려와 한국의 시인이라고

영어로 나를 소개하던 그녀도 오늘의 시라 하고 오늘의 시인이라고 하자

저 위의 그녀를 오늘밤 나의 문우라고 하자 (헐!)

체르마트에서 인터라켄 가는 길

체르마트에서 베른강이 막 나타나기 직전까지

조수석 쪽의 이 구간 풀코스 기억하라

풍경이 아니라 비경이다

비경이 아니라 선경이다

선경 아니라 다시 한 번 보고 싶은 절경이다

눈을 떼지 못했고 숫제 코를 박고 있었다

절경은 저런 것이다

미쳤다!

한 달에 두어 번 다니는 수락산 귀임봉에서 용굴암 길도 무

지 좋지만

이 구간은 그냥 영화관에 앉아 있는 것만 같다

이 구간 동영상 어디 없을까?

한 지역구에 300미터짜리 수직 폭포 한 두어 개 있다는 게

저런 것이다

한 보름 동안 쭈욱 걷고 싶다

폭우

생각보다 아주 거칠고 힘센 폭우였다

우산이 몇 번 뒤집혔다

저기다! 하나 둘 뭣도 모르고 폭우를 피해 들어간 곳

조선 한옥 같은 목조(木造) 다리 카펠교

옆에서 누군가 비 맞은 생쥐처럼 말했다

이 나라는 나무도 다리도 계단도 언덕도 죄다 관광지로 만
들었네

폭우도 관광이네

여행은 사진이다

자! 이 폭우 속에서도 기념품을 사고 사진을 찍어야 한다

영상 통화도 해야 한다

한국인들은 웬만해선 물러서지 않는다

(성질 좀 죽이자!)

내 코가 석 자라 해도 유럽 연합과 통합과 평등도 돌아보자!

앞만 보지 말고 한 번 더! 돌아보자!

시도 읽고 목수가 지은 다리도 돌아보고

도심 한가운데 흐르는 막대한 수량의 강도 돌아보자

저 호수의 깊이와 넓이도 돌아보자

융프라우

여기까지 왔다

그러나 큰 암벽 같은 것이 전후좌우 다 막았다

보이는 것은 아무것도 없고

일순 생각도 막혔다

거대한 운무가 모든 것을 압도하였다

그만큼 보았으면

더 보지도 말고 찾지도 말고 생각 좀 하라는 것 같다

여기까지 왔으니 돌아보라는 것 같다

여긴 뭐든지 너무 높고 크고 깊다

근데 또 고요할 만큼 조용하다

저 밑의 도로에선 자동차 경적 소리도 없다

저 산맥을 넘은 자는 누구인가?

잠시 휴게소 한쪽에 턱을 괸 채 앉아 있었다

로댕의 생각하는 사내처럼 말이다

냉담하지 마라

저렇게 앉아서 따뜻한 차 마셔라

컵라면에 두 손 포개 놓은 관광객이 눈에 띈다

지금은 시를 쓸 때가 아니다

취리히 리마트 강변을 걷다

1.

알프스의 진한 햇볕과 카푸치노 한 잔과 베이글 한 조각

중앙역 근처 공원 벤치

햄버거 먹고 있던 맞은편 벤치의 중동 청년들

나도 그 그림 속에 들어가 앉아 있었다

아니다 조금 더 걷자고 일어났을 것이다

"이 강 이름은 뭔가요?" "리마트!"

외손주를 유모차에 태운 씩씩한 할머니가 답한다

여기도 육아는 할머니 몫인가

낮 12시

대성당 종소리가 대성당보다 더 웅장하게 더 크게 울린다

취리히 구도심 이 골목 저 골목 기웃대며 걷는다

갔던 길을 되돌아 나와 또 걷는다

2.

트램 갓길 벤치에 앉았다가 이번엔 건너편 강변을 걷는다

저 골목으로 헛들었다가 이내 돌아선다

시인은 떠도는 자! 정색하지 말자 이 골목도 저 뜬구름도 변

하고 또 변하고 변할 것이다

낯설어도 이 골목도 이 고옥(古屋)도 고색창연할 뿐이다

루비콘강을 건너듯 이 돌다리 천천히 다시 건너서 가자

그냥 살아라! 놀아라! 웃어라! 춤추어라!

십 분쯤 걷다 가자! 이번엔 저 강물에 손이라도 적셔 보자

빙하 녹은 물이라 했던가 물 기운이 서늘하고 날카롭다

강을 건넜으면 돌아갈 길은 없다

〈사랑의 불시착〉 언덕이 이쪽인가

여기 그 벤치도 있고 저 나무도 있고 이 성벽도 있고 저 성당도 보이는 곳!

3.

꾹꾹 처박아놓았던 것들이 불쑥불쑥 올라오는 게 뭘까?

(아 급하다 메모지가 없다)

저 벤치에 앉아 책을 읽고 있던 중년 여성을 오늘 저녁 취리히 번개팅 시 낭송에 초대하고 싶다

하이!

하이!

취리히의 밤

1.

저녁 일곱 시 취리히 반호프 거리 저 골목 어귀 모 카페, 옛 동독 출신 여류 시인과 몽골족의 후예라고 소개하던 헝가리 청년 시인과 취리히 주재 미국 시인과 동아시아에서 날아온 모 시인과 취리히 제1 권역 남녀 시인들과 북 치고 장구 치며 가끔 탁자도 치면서 시 낭독을 한다 번역기가 중간에 몇 번 끊겼지만 크게 동요하진 않았다 관객은 낮에 린덴호프 언덕에서 섭외한 여성 독자 한 명뿐이다 뒤풀이는 실내 포차 비슷한 곳에 들어가 홍합과 훈제 연어를 곁들인 이탈리아 와인이었다 중간에 스위스 중앙은행 고위직 인사가 합석하며 맘 놓고 마시라고 한다

2.

오미자차(茶) 색 같은 양주를 권하던 미국 시인이 물었다 사우스 코리아 비상계엄 끝났냐? 하룻밤에 끝났다 하자 동독 출신과 헝가리 청년은 크게 웃었다 나는 웃지 않았다 (45년 전 일이지만 계엄의 계, 자(字)만 들어도 가슴 한복판이 복잡하다. 거울 앞에만 가면 조금 더 서 있게 된다.) 다시 아무 일도 없다

는 듯 어깨동무하고 둘이서 셋이서 셀카를 찍었다 한국을 한 번 방문하면 좋겠다는 말을 하며 패키지 일정 때문에 일어난 다고 하자 내 숙소에 가서 한잔 더 하자고 미국 시인이 제안한 다 숙소 방바닥에 앉아 취리히 1권역 시인 둘이서 나를 위하여 원샷! 큰 컵을 높이 들었다 (망했다!) 국내 시인들은 2차도 원 샷도 다 끊었는데 해외에선 성황리에 진행중이었다 어둠에 휩 싸인 창밖의 나무가 성큼 다가섰다 누군가 술집이 인류의 발 명품 중 최상품에 든다고 말했다 그러나 그것보다 동서고금 막 론하고 시인들은 왜 시인들을 만나면 오랜 도반(道伴) 같을까? 이런 것도 취리히의 밤을 기억하는 방식이리라

기내식 메뉴판 여백에 시를 끄적이다

—파바로티는 그의 노래가 하나의 음악이 되었고, 레오나르
도 다빈치는 그가 꾼 꿈보다 더 큰 세계가 되었다

1.
여기저기 뻥뻥 뚫린 기내식 메뉴판 여백에 시를 끄적인다
잠이 쏟아져도 이게 또 내가 할 일이다
기타를 치는 사람은 기타를 치고
화덕 앞에서 피자를 굽는 사람은 피자를 굽고
어부는 배를 타고 바다로 가야 한다
카사노바는 카사노바의 일을 또 할 것이다
그 일은 내 것이 아니라 그 사람의 것이다
펜을 든 자는 펜의 일이 있을 것이고
칼을 든 자는 칼의 일이 있을 것이다
그 일은 그 사람의 것이다
물론 어긋날 때도 있고 길을 잃을 때도 있다
그것조차 그 사람의 것이다

2.

인터라켄 숙소 앞의 강변길 슬로우 조깅 할 때 일단의 청년들이

약간 비아냥대는 듯한, 소리를 내 등뒤에 질렀다

내가 곧바로 돌아보긴 했지만

그 소리도 내 것이 아니라 그들의 것이다

더 돌아본다 해도 내 것은 없다

그리고 이미 과거의 일이 되었다

3.

여기 옆자리도 비었고 그 옆자리도 비었다

한 줄에 세 사람의 자리가 텅 비었다

우와! 세상에!

누워보니 항공기에도 침대칸이 있는가 보다

그라치에!

그라치에!

작가 인터뷰

보이는 것보다 생각하는 것

요즘도 늦은 밤 산책 하는가.

아니다. 다시 조깅을 시작했다. 슬로우 조깅이 몸에 맞는 것 같다.

조깅 이외 다른 종목 골프나 테니스, 등산, 탁구 등 하는 게 있는가.

없다. 움베르토 에코처럼 말한다면 '완강한 무관심(stubborn incurisity)' 같은 것이다. 당연한 말이겠지만 어떤 한 분야에 자신을 한정하려면 이것저것 다 쫓아다닐 순 없다. 그러다 보면 한곳에만 자꾸 집중하게 된다. 그게 또 삶의 방식이 되었다.

6070 시인선

'6070 시인선'은 무엇인가.

'6070 시인선'을 펴내며 오피셜 메시지 비슷한 게 표4에 있다. 여기서 한번 읽어보자. 그리고 저 아래 편집부에서 제시한 각주도 보자. "종로든 광화문이든 60대 70대가 불쑥 들어갈 만한 카페나 호프집이 그리 많지 않다. '6070 시인선'은 처음부터 이 점을 주목하여 기획하였다. 6070은 60년대 70년대 학번도 아니고, 60년대 생도 70년대 생도 아니다. '6070 시인선'은 그야말로 60줄 70줄 시인선이라는 것도 이 기회에 천명하고자 한다. '6070 시인선'은 계급장 떼고 민중도 집어넣고 생얼로 말하자면 작품만 갖고 한번 부딪쳐보고 싶은 것이다. 여기 편집 동인의 이름으로 이 땅의 동도제현과 함께 한국 사회의 희로애락(喜怒哀樂)을 공유하고자 한다."

주) 이 시인선 편집 내용의 일단을 소개하면 1) 수록 작품 수 신작시 35편으로 고정되어 있고, 시집 면수도 가급적 100쪽 내외로 한다. 2) 시집에 수록된 시와 관련된 시작 메모 혹은 저자 셀프 인터뷰, 편집부 기획 작가 인터뷰, 저자 자필 연보, 저자 섭외 해설, 발문, 형식 자유의 작가 일기 혹은 창작 일기 등 택일하고 3) 작가 약력은 등단 연도, 등단 매체, 최근 시집 한두 권만 밝히고 4) 향후 신작 시집 외 '6070 시선집'도 이 시리즈에 포함될 것이며 5) 우선 80년대 등단 시인들부터 진행할 예정이다.

시와 시작(詩作)

　잠깐 시집 목록을 보면 2023년, 2024년 연이어 시집 두 권(520쪽, 524쪽)을 냈고, 바로 얼마 전 6월 초에는 두 권의 시집을 동시에 출간했다. 시가 또 폭발한 것인가. 예의 그 열정과 통찰에 의한 것인가.

　그런 것이 있었다 해도 부지불식간에 조금씩 바뀌었을 것이다. 그리고 모 후배 시인이 앞의 두꺼운 시집 두 권을 다 읽었다고 한다. 또 며칠 전 신작 시집 두 권도 다 읽고 문자를 넣었다.

　하루 중 언제 시를 쓰는가. 특히 이번 시집은 언제 썼다는 것인가.

　시는 순간, 순간, 눈 깜박할 사이에 왔다가 갈 것이다. 시는 그 순간을 반복할 뿐이다. 그러나 시가 오는 순간을 시인도 모를 것이다. 시인의 몸만 겨우 알 것 같다. 알고 보면 다 감수성이 하는 일이다. 이번 시집은 그때그때 아주 조금씩 메모한 것이 도움이 되었다. 그래도 노트북 앞에서 키보드 두드릴 때, 시가 된다. 여행이나 여행지만 갖고 시가 되기 어렵듯이, 머리나 메모만 갖고 시가 될 순 없다. 시는 비로소 **키보드** 앞에 앉았을 때, 완성되는 것이다.

퇴고 없다

퇴고도 하는가.

퇴고는 일종의 디저트 같은 것이다. 이번 시집도 여기저기 만지면서 즉흥적으로 퇴고도 했겠지만 대체로 한 방에 쭉 갔다. 아마도 분량이 적은 이유도 있었겠지만 여행 중에 끄적거린 메모 덕분에 일주일도 채 걸리지 않았다. 매일 밤 백마를 타고 만주벌판을 달리는 기분이었다. 어젯밤에도 새벽 세 시까지 쭈욱 달렸다.

혹시 글을 쓸 때 불안감 같은 것은 없는가.

여러 날 동안 글을 쓰지 못하거나 또 시집이 막 나온 다음엔 약간의 불안감이 온다. 그러나 글을 쓰는 동안엔 불안감을 느낄 이유도 없고 그럴 시간도 없다. 더구나 이번엔 오히려 한 편 쓰고 나면 즐거웠고 또 한 편 쓰고 나면 색다른 쾌감을 맛볼 수 있었다. 특별한 경험이었다. 이것을 뭐라고 해야 하는지 말하진 않겠다. 그리고 다시 작가라면 글을 써도 글을 쓰지 않아도 약간의 불안이나 근심을 갖고 살 것이다. 삶의 일부가 되었을 것이다. 이런 불안은 오히려 간혹 어떤 질서로부터 순간, 순간, 벗어나는 해방이며 자유가 될 것이다.

시가 온다

　시가 오는가.

　그렇다. 이번엔 눈앞에서 시가 날아다녔다. 오래 전에 막내 조부님께서 일가친척들 모인 큰댁 마당에서 일장 훈시를 하셨다. 내용인즉, 돈이 저렇게 날아다니는 게 눈에 빤히 보이는데 다들 무엇하고 있느냐고 호통을 쳤다. 왜 그 돈을 잡지 않느냐고 속상해 하던 심정을 이제야 좀 알 것 같다. 시는 언제나 눈앞에서 혹은 마음속에서 이렇게 저렇게 날아다닌다. 메뚜기도 한철이라는데 이때를 놓치지 말아야 할 것이다. 무엇보다 이번엔 운이 좋았다. 그래도 시는 힘들 때 온다. 사랑도 우정도 추억도 어떤 일에 대한 아이디어도 힘들 때 온다. 그러나 이제 또 시는 힘들어도 오고 힘들지 않아도 오는 것 같다.

　시 초고를 메모했다는 그 쪽지를 보고 싶다. 어떻게 한 번 보여줄 수 있지 않을까. 궁금하다.

　궁금해도 할 수 없다. 어떻게 남의 속살을 보겠다는 것인가. 이 시집 어디에도 언급되었지만 항공기 기내식 메뉴판 여백에 조금씩 끄적거렸다. 두 번 접어서 호주머니에 넣고 다녔다. 어디서든 아주 유용하게 썼고, 재질도 엄청 좋은 페이퍼였다.

시의 독자가 있다고 생각하는가

시의 독자가 있다고 생각하는가.

있다. 그러나 또 시의 독자는 없을 것이다. 좀 위험한 말이겠지만 시는 **1인용 장르**가 되어 가는 것 같다.

그렇다면 독자가 없는 문학은 가능한가.

가능하다. 시는 읽는 장르도 읽히는 장르도 아니기 때문이다. 어려운 말이다. 그렇지만 이번 시집은 패키지 일행 중 누군가가 한번 읽어주길 바라는 마음도 있다. 다시, 삶을 견디는 게 아니라 시를 견딜 때가 있다. 이 일도 **자존심의 문제**일 것이다. 아무리 생각해도 시는 독자를 쳐다보고 쓰는 장르가 아니다. 이 말도 독자가 없으니 또 독백에 가까울 수밖에 없다. 노래는 그 가수를 향하는 것이고, 시는 끝내 그 시인을 향해 가는 것 같다. 독자여! 시인이여! 아주 먼 곳에 있는 그대여!

패키지 일정이라면 가는 곳마다 시간이 빠듯했을 텐데…

그렇다. 나는 또 매우 급하고 빠르다. 옆에서 같이 앉아 밥을 먹었는데 언제 다 먹었는지 모를 때가 많다고 한다. 핀잔 들을 때도 있다. 급하고 **빠른 것**도 알고 보면 거친 것과 다를 바 없다. 서두르지 말고 부드럽게 살자.

자유와 고독

이번 시집 중 자유와 평등을 언급한 시도 있다.

사회적 불평등, 정치적 불안정, 대기 오염 등이 인간의 노화를 앞당긴다는 연구 결과가 있다. 특히 유럽식 자유와 평등이 아니라 해도 우리도 자유와 평등이 사회적으로 더 크게 확대되어야 한다. 성별, 직위, 직군 간 임금 등 더 많은 공론화를 진행해야 할 것 같다.

외로움도 필요한가.

그렇다. 글 쓰는 입장에선 어떤 외로움이든 그 외로움의 고통은 작가의 몫이다. 외로움도 자존심의 일종일 것 같다. 암튼 그것은 또 시작(詩作)의 출발점이고, 또 읽고 쓰는 데 많은 시간을 쏟다 보면 그럴 수밖에 없다. 이제는 이런 외로움이 과거와의 단절이 되고 대립이 되고 고립이 되고 고독이 되는 것 같다. 소위 일자(一字) 관념의 세계 너머 저 불가능한 세계를 쳐다보게 된다. 좀 다른 말이겠지만 나이 먹으면 지인들이 줄어드는 것도 또 아주 자연스럽게 지인들을 줄이는 것도 나쁘지 않게 된다. 그것도 시절 인연이지 않겠는가.

13가지 가면을 쓰고

한 사람의 내면엔 13가지의 가면이 있다고 한다. 물론 그 많은 가면을 다 썼다 벗었다 하긴 어려워도 그렇게 많은 가면이 있다는 것을 부인할 순 없을 것이다.

그렇다. 선한 것보다 정의로운 것보다 도덕적이고 윤리적인 것보다 규율이나 또 이를테면 금지된 것보다 그 선을 꾸욱 밟고 싶은 것이다. 무엇을 살리고 무엇을 죽이는지 보라. 그것을 조용히 혼자 앉아서 지켜보라. 이것이야말로 아주 은밀한 사색이며 사생활 같은 것이다.

잠깐 이번 시집을 일독하면 여행 시집이라고 부를 수도 있지 않을까. 여행은 좋았는가.

먼저 이것은 여행 시집이 아니다 여행 시집이라면 여행 정보 등을 기초로 해야 하는데 이 시집에선 그런 것을 얻을 수가 없다. 왜냐하면 눈에 보이는 것보다 혹은 눈앞에 있던 대상도 그냥 비(非)대상이 되었기 때문이다. 대상이 사라졌다는 것이다. 여행은 새벽에 일찍 일어나는 것 빼고 다 좋았다.

하루

　시 쓰는 것 말고 독서 얘기도 듣고 싶다. 궁금하다. 혹시 근래 읽은 것과 관련한 에피소드 있으면.

　이승훈 이론서 읽을 때도 좋고, 라까니언 프랙시스 (LPI) 백상현 블로그에 올라온 강의 영상 보면서 공부할 때도 좋다. 특히 몇 해 전 '존재와 시간', '하이데거와 라깡 1~10강' 되게 좋았다. 또 에밀 시오랑 읽을 때도 좋고 아니 에르노 읽을 때도 좋았다. 요즘엔 밀리의 서재에서 이 책 저 책 돌아다니면서 읽을 때가 좋고 신유진의 프랑스 문학 식탁 그 연재물 찾아 읽을 때도 좋다. 아 그리고 지난 1월 말 어떤 공적인 일로 이수명 시인의 연락처라도 알아둬야 할 것 같았지만 인터넷으론 찾을 수가 없었다. 『마치』 등 시집은 읽었겠지만 그보다 다수의 산문집을 주루룩 알게 되었다. 이수명의 '언어와 생각이 유출되는 것'과 '문학 일기' 형식 등을 생각하게 되었다. 그땐 내 코가 석 자다 보니 내 코 묻은 글 쓰느라 책머리만 조금 읽고 더 이상 한눈팔 사이가 없었다. 이제는 이수명의 책을 다 읽을 것 같다.

경험적 자아도 없고 주체도 주제도 없는…

경험적 자아도 없고 주체도 없는 시가 가능하다고 생각하는가. 주체는 시 속에서만, 데리다 식으로 말하면 텍스트적 주체만 반복되는 것인가. 다시 주제도 소재도 없는, 어떤 논리도 메시지도 없는 시가 가능하다고 생각하는가. 소통이나 이해가 결코 필요 없는, 텅 빈 시가 가능하다고 생각하는가.

당신은 누구인가.

소통이나 이해가 필요 없는 시가 정말 가능하다고 생각하는가.

당신은 누구인가.

당신은 누구인가

당신은 언어를 의심하고 있는가. 시를 의심하고 있는가. 언어의 한계를 알고 있는가. 언어는 모든 실재를 드러내는 데 있어서 턱없이 부족하다는 걸 알고 있는가. 진짜나 진실은 누군가 말하는 그곳보다 항상 다른 곳에 있다고 생각하는가. 시의 언어는 언제나 패배의 언어가 되는 것인가.

당신은 누구인가.

시는 해석할 필요가 없는 장르가 되었는가.

그렇게 되었다. 소위 기득권의 권력으로부터 그런 언어로부터 보호 받는 장르도 아니고 그런 곳으로부터 벗어나야 하는 장르가 되었다. 시는 **개별적인 장르**일 것이다. 고독한 장르일 것이다. 국외자의 장르일 것이다.

음악 좋아하는가.

나오면 듣고 없으면 안 듣는다. 아주 가끔 오전에 안드라스 쉬프의 베토벤 피아노 협주곡 5번 〈황제〉 2악장, 해가 지면 백건우의 베토벤 피아노 소나타 14번 〈월광〉 3악장이 에프엠에서 흘러나오면 일손을 멈추고 그 선율을 하나하나 짚어볼 때가 있다. (요즘엔 가사도 뭣도 없는 게 좋다.) 우리들의 70년대 노래도 다 식은 것 같다.

왜 또 하고 싶은 말이 있는가.

나는 내가 아니라 아주 이상한 타자(他者)였다. 아니다. 나는 타자를 보고 살았지만 어떤 타자도 나를 보지 않는다. 그러나 나도 타자도 헛것이다. 이제 등번호조차 희미한 유니폼을 입고 관중석에 앉아 있다. 저 그라운드를 바라보듯 문학적 정치적 사회적 행로와 노선에 대한 생각이 좀 많아졌다.

내용 없는 것

시는 내용 따위 필요 없는 것인가.

시는 내용을 중시하는 산문이 아니기 때문이다. 시는 또 목적하는 바도 없어야 한다. 무목적이며 반(反)목적적인 것이다. 그게 시다. 아는 소리보다 옳은 소리보다 모호한 소리, 그게 시 아닐까. 시는 아는 길을 걷는 게 아니다. 물론 나는 많이 부족하다. 의미도 내용도 목적이 있었다면 좀 더 접어야 한다. 부단히 틀을 깨야 한다는 것. 시의 형식도 시의 장르도 깨야 한다는 것. 시는 시를 쓰기 전에도 시를 쓰는 중에도 대상도 없애야 하고 시가 되면서 결국 사라져야 한다는 것. 그러다 보면 허(虛)에 이르게 되고 공(空)에 이르게 되는 것. 또 내가 시를 쓰는 게 아니라 시가 아주 가끔 나를 쓰는 것 같다는 착각도 드는 것. 그렇다면 이제 남은 것은 각자의 문제이며 각자 도생이며 각자의 생각이며 마침내 각자의 인생일 뿐이다. 바로 거기서부터 시는 또 시작될 것이며 시는 결국 자기 다리를 긁는 것. 다만 나부터 한국시의 큰 굴레로부터 한국시의 그늘로부터 한국시의 권력으로부터 한국시의 문법으로부터 한국시의 우상이나 어떤 의미로부터 어떤 집단으로부터 한국시의 평균적 이해로부터 어떤 기준으로부터 지식으로부터 한 발짝 한 발짝 벗어나야 한다는 것. 이탈해야 한다는 것. 손에 쥘 게 없어도 매

순간 전력투구해야 한다는 것. 아니다, 전력투구도 위험한 말이 되었다. 이제 무엇을 해도 힘을 다 쓰지 말자. 시를 쓸 때도 다 쓰지 말고 툭 끊을 땐 끊어버리자. 그리고 경험상 시 한 줄이라도 넣을 때보다 뺄 때가 더 좋았다. 어떻게든 조금씩 다르게 또 한 번 더 나를 부정하고 어제의 시를 부정하고 통념을 부정하고 조금이라도 새로운 시를 써야 한다는 것. 무용(無用)한 데까지 가야 한다는 것…. 여기까지만 내가 할 수 있는 말이다. 그 이상은 내가 할 수 있는 말이 아니다. 쓸 데 없이 또 힘을 쓴 것 같다. 시인이 더 나설 일도 아니다. 시도 그냥 스르륵 스르륵 풀리는 것이다. 까마득한 일이 되었지만 **창비로 등단**하던 그 무렵 빼곤, 나는 언제나 변방이었고 그 변방에서 쭈욱 살았다. 대놓고 말할 순 없어도 시인은 모름지기 어떤 중심으로부터 어떤 주류로부터 좀 더 먼 곳, 즉 저 뒷자리에 잠깐 앉았다 일어나는 게 맞다. 더 앉아 있으면 과욕이 되고 탐욕이 된다. 이국(異國)의 밤이 깊었다. 오오 **취리히의 밤이여!** 설산 같은 환한 밤이여! 구멍 숭숭 뚫린 허공 같고 침묵 같고 공백 같은 밤이여! 마치 혼음 같은 밤이여! 그럼에도 불구하고 아무짝에도 쓸모없는 것이여! 헛것이여! 그것이여! 돌이킬 수 없는 것이여! 모든 과거여! 불완전한 밤이여 그것이여! 불확실한 밤이여 그것이여! 시원한 밤이여! 나의 밤이여 당신의 밤이여

농담

가볍게 농담이라도 할 수 있는 상대가 있는가.

있다. 일 년에 두어 번 만나는 강원도 동해시 친구들이 있다. 또 농담 정도 쉽게 나눌 수 있는 중고등학교 동창들도 있다.

사실 농담은 쉬운 게 아니다. 농담은, 가령 말실수 등으로 폄하할 수 있는 게 아니다. 그보다 훨씬 높은 차원의 기표라고 할 수 있다. 농담은 또 무의식이 드러나는 순간이며 소위 억압된 언어를 뚫고 갑자기 치솟는 자유의 언어라고 할 수 있다. 결코 고리타분한 언어가 아니다. 누구나 할 수 있는 일상적 언어가 아니다. 부모의 언어도 아니고 기성세대의 문화를 반복하는 것도 아니고 사회적 관계나 어느 한 진영만의 문법도 아니다. 농담은 우리가 좀 부족하고 많이 부족한 것도 사실이다. 농담은 이념이나 권력에 끄달릴 필요가 없다. 농담은 출가의 언어다. 비유하자면 언어 밖의 언어이며 기존의 언어를 외면한 언어다. 걍! 좀 비뚤어진 것이다. 일종의 삐딱선 같다. 상식이나 의미의 언어가 아니다. 주제를 넘어가서 말하면 보편적 가치나 지식의 세계로부터 멀리 달아난 뒤도 돌아보지 않고 도망친 언어다. 언어든 인생이든 무슨 큰 의미가 없다는 것. 그 누구의 것도 아니라 개별적인 이름이며, 아주 아주 개별적인 문법이다. 아아! 시가 되지 않는 시가 마침내 시가 되었으며, 말이 되지 않는 말이 또 말이 되었으리라. 답이 없는 정답이 없는 출구가 없다는 것.

굿!

언제부터 시인이 되고 싶었던가.

중3 때부터 법대 지망생이었지만 가슴은 늘 시인을 꿈꾸고 있었다. 아무리 애를 써도 가슴이 원하는 방향으로 갈 수밖에 없었다. 실제로 대학 1학년 때 목돈이 생겨 **민법총칙**, 형법학 등등 사다 놓았지만 어느새 그보다 김수영, 김지하, 신경림 등을 읽고 있었다. 김종삼도 가까운 곳에 두고 살았다.

작가회의 회원인가.

그렇다.

많은 작가들을 만났고 많은 문우들과 교유했는가.

그렇다.

아현동 작가회의 사무실에서 농성도 하고 시분과 합평회도 하고 답사도 다니고 수련회도 참가했는가. 시내 술집 탑골에서 밤늦게 술을 마신 적도 있는가. 김성동 선배와 밤새운 적도 있는가. 김남주 선배 만난 적도 있는가. 한강 고수부지에서 작가회의 회원들과 축구한 적도 있는가.

그렇다.

새벽 세 시

지난 시집에서 보면 '새벽 세 시'에 관한 시가 몇 편 되는 것 같다.

네댓 편.

새벽 세 시까지 시를 썼다는 것인가. 아님 그 시간까지 무얼 했다는 말인가. 새벽 세 시에 얽힌 에피소드 듣고 싶다.

늦은 오후 커피 때문이었을 것이다. 예전엔 몰라도 요즘엔 새벽 세 시까지 시를 쓰겠다면 좀 더 강한 집중력이 있어야 할 것 같다. 그리고 새벽 세 시는 참 좋은 시간대이다. 하루 중 마치 나 혼자 몰래 숨을 수 있는 **독립적인 시간대** 같으며 내가 고안(考案)한 쾌락의 시간대 같기도 하다.(ㅎㅎ) 그러나 또 그 시간대는 글 쓰는 자의 함정이 될 수도 있다. 함정이란 것도 함정을 파놓은 자가 들락거리는 곳이다. 다시, 시를 쓰기 위해 새벽 세 시까지 달린다고 시가 되는 것도 아니다. 새벽 세 시는 결코 시를 쓰기 위한 시간대는 아닐 것이다. 그럼에도 불구하고 노트북 끄지 못하고 잠자리에 들 때도 있었다. 잠깐 누웠다가 새벽 세 시 삼십 분쯤 다시 일어나야 할 때도 있었기 때문이다. 그러다 보면 새벽 네 시 반이 되었을 것이다. 새벽 네 시 반은 이미 시적으로 민감한 시간대가 아닐 것 같다. 암튼 이번 시집에서도 새벽 세 시까지 두어 번 달렸을 것이다. 글을 쓰면서 달렸고, 달리면서 글을 썼을 것이다. 그러나 또 새벽 세 시는 더 정확히 말한다면 시보다 어쩌면 이런 시간이었을 것이다. "—아침부터 저녁까지 무엇을 하십니까?—나는 나를 견딥니다.'"(에밀 시오랑, 『태어났음의 불편함』 중에서)

시인의 말 1

요 바로 앞의 시집 두 권을 동시에 출간했다는 그 신작 시집에 대해 말해줄 수 있는가. 약간의 리뷰 같은 것 말이다.

내가 말하긴 그렇고 육성이나 다름없는 표2에 게재된 시인의 말을 한번 읽었으면 좋겠다. "시 초고(草稿) 메모하고 또 초고 몇 줄 끄적거려야 할 때가 많았다. 그럴 때마다 급하게 휴대폰 메모장에 저장해 두었다. 이번에 그 초고들을 한 편씩 한 편씩 노트북으로 옮겨놓았다. 금세 시가 되었다. 이 작업은 불과 일주일밖에 걸리지 않았다. 그만큼 초고가 거의 흔들리지 않았다는 뜻이다. 마치 여기 시가 있소! 여기도 시가 있소! 시는 이미 그곳에 있었고 나는 그저 타이핑하기에 바빴다./ 이를 테면 지하철에서도 서울 창포원에서도 고모리 카페에서도 오전 일곱 시에도 새벽 세 시에도… 꿈속에서도 꿈 밖에서도 시가 부단히 흐르고 있었다. 나는 시 곁에 있었고 시는 또 내 곁에 있었다. 시와 내가 다정한 커플처럼 이렇게 밀착되었던 적이 또 있었을라나. 농담 같지만 이 일련의 시들을 읽으면서 시보다 먼저 내가 나를 본 것만 같았다. 그럼에도 불구하고 누가 또 장주(莊周)의 꿈을 깨울 것인가? 누가 그의 꿈과 꿈 밖의 꿈을 마침내 몰락시킬 것인가?"

시인의 말 2

이왕이면 또 다른 한 권의 시집에 게재된 시인의 말도 읽었으면 좋겠다. 같이 읽으면 어떻겠는가.

좋다. 그럼 또 그렇게 하겠다. "아픔은 존재론적일 수밖에 없다. 언어도 논리도 필요 없고 오직 개별적 존재만 있을 뿐이다. 비로소 삶에 대해 질문하고 문제시하고 재고찰하게 된다. 이런저런 고정관념에 대해서도 잠깐씩 의심하게 되고 구멍이라도 뚫어보게 된다. 그리하여 아픔은 곧 공백이거나 균열일 것이다. 아픔은 제 손바닥으로 바닥을 치는 것이다. 아픔은 제 삶을 덮고 있던 담요 같은 것들을 하나씩 벗겨내는 것이다. 아픔은 존재에 이르는 길이다. 그리고 존재론적 사유를 할 수 있는 계기도 된다. 육체적인 아픔은 정신적으론 히스테리적인 사태가 발생될 수도 있다. 그리고 아픔은 또 천천히 슬픔이 되는 것 같다… 병실에서 병실 복도에서 보고들은 것을 기록하였고 그 과정에서 실재를 또 조금씩 재구성할 수밖에 없었을 것이다."

기승전결이라든가 깔끔한 언어라든가 잘 쓴 시라든가 여기저기 인터넷에 오르내리는 시보다 혹은 바른 소리라든가 명시(名詩)라든가… 이제 이런 것보다 어딘가 한쪽이 무너진 것 같은 구멍 난 것 같은 헛도는 것 같은 어긋난 것 같은 찌그러진 것 같은 어떤 의미를 벗겨낸 것 같은 모호한 것 같은 떠도는 것 같은 예측하기 어려운 것 같은 마치 비웃음 같은 정부군이 아닌 반군(叛軍) 같은 가짜 같은 중도 탈락자 같은 읽히지 않을 것 같은 읽히고 싶지 않은 것 같은 시시하고 뭔가 허하게 하는 자전적인 듯 기성세대적인 관념을 확 뒤집어엎을 듯한, 한 발짝 더 나가면 현관 앞에 내놓은 중국집 빈 그릇 같은 언어 밖에 내놓은 시 같은 이제부터라도 아아 할 수만 있다면 아무 생각 없이 살고 아무 생각 없이 쓰고 또 쓰는 것 같은 또 헤매게 되는 것 같은 비현실적인 것 같은 무위도식 같은 (시) 바람 같은 구름 같은 슬픔 같은, 빈손 같은 맨손 같은….

자진해서 무장해제해야 할 것 같다. 거룩하고 아름답던 것도 갑자기 시시해지는 것 같다. 시의 시대도 아니고 철학의 시대도 아니다. 시든 인생이든 논픽션이 아니라 **픽션**이 된 것 같다. **코미디다.** 시는 어디 있는가. 멀쩡하던 것도 아무것도 아닌 것이 된다. 아무것도 없는 것이 된다. 좀 불편한 것 같다. 그러나 이 불편이 오히려 편하고 가볍고 경쾌하다. 또 시도 어떤 형식과 형태의 장르라고 한다면 그 형식도 억압이고 압박일 것이다. 물론 시를 쓰는 한, 시를 생각하는 한, 억압과 압박은 꼬리에 꼬리를 물고 이어질 것이다. 그러나 또 그런 것을 뚫고 툭

터뜨리는 것이 있다. 왠지 이런 생각만 해도 즐겁다. 시원하다. 다른 사유를 조금씩 하게 된다. 복잡하던 일들이 단순해지는 것 같다. 이것저것 피하게 된다. 평원을 바라보게 되고 노트북 앞에 앉아 있게 된다. 이것저것 이해할 일이 없어진다. 이것이 아니면 또 저것이면 된다. 뭔가 뚫렸다. 일상이나 관념이나 객관적 세계에 대해 그렇게 끄달릴 필요가 없다. 툭툭 털 땐 털어낼 줄도 알아야 한다. 나를 보라. 내 안에 무엇이 있는지 보라. 그것이 무엇인지 보라. "인제는 돌아와 거울 앞에 선 내 누님같이 생긴 꽃이여" 꽃을 보라. 지금 이 한순간! 한순간! 천상천하 유아독존이다. 이제 차 한 잔 할 수 있을 것 같다. (카톡해라!) 그러나 또 시는 당신을 향해 쓰는 것은 아니다. 당신이 아니라면 당신은 또 누구란 말인가? (시가 아니라면 시는 또 무엇이란 말인가?) 그럼에도 불구하고 이른바 자기 시대만 사라진 것도 아니고 당신들의 시대도 사라졌다. 나약하고 찌질한 개인만 남았다. 장벽은 무너졌다. 각자의 시만 남게 되었다. 언어 이전의 그 무엇만 남았다. 뜰 앞의 저 나무를 보라. 벽 앞에 앉아 있던 수행자는 벽을 뚫고 나갔다. 밖으로 나갔다. '장벽은 무너지고 강물은 풀려/ 어둡고 괴로웠던 세월도 흘러/ 끝없는 대지 위에 꽃이 피었네/ 아 꿈에도 잊지 못할 그립던 내 사랑아/ 한 많고 설움 많은/ 과거를 묻지 마세요"(나애심, 〈과거를 묻지 마세요〉)

읽기 자료

"우리의 삶은 결국 나 자신의 삶은 나 자신이라는 것이 존재하지 않는 것이고, 타자가 나에게 부여한 타자의 수사들로 가득 채워져 있다는 것이죠. 그런 의미에서 글 쓰는 직업을 소명으로 삼는 사람은 바로 그와 같은 타자의 반복을 멈추기 위해서 글을 써야 한다는 거예요. 그게 제가 생각하는 글 쓰는 자의 목표이기도 하고 소명이기도 한다면 여러분들 눈치 채셨겠지만 그건 사실은 글 쓰는 사람들만의 소명은 아닌 것이죠. 누군가가 자신의 삶을 진지하게 살아가고 싶다면 그렇다면 타자가 내 안에서 반복되는 것 타자가 그 안에서 반복되는 것을 받아들이려 하지 않겠죠. 그게 어떤 식당을 하시는 요리사든지 아니면 목수건 아니면 회사에 다니는 사람이든 그 누구도 그 누구라 해도 선생님이든 아니면 운동선수이고 그 누구라 해도 자기 자신이 타자에 얽매여서 여기서 말하는 타자라는 개념은 바로 옆에 있는 사람일 수도 있겠지만, 우리 사회를 지배하고 있는 고정관념, 타자가 만들어 놓은 결국 타자들이 만들어 놓은 것이잖아요. (…하락…)"(네이버 블로그 라까니언 프랙시스 (LPI)—백상현, 쓰기, 읽기, 존재하기, 글쓰기의 방법론 1강 중에서 녹취함.)

설명하거나 이해할 수 없는 것…

문학이나 인생이나 세상이나 결국 설명하거나 이해할 수 없는 것들이 많다. 그렇지 않은가. 오히려 그것은 늘 회의하고 고민하는 것 아닌가. 아이러니하겠지만 설명할 수 없기에 이해할 수 없기에 그들은 그곳에 존재할 것이다. 시는 또 그 너머 있을 것이다.

그럴 것이다.

시는 실제(Actuality)의 풍경이 아닌 다른 풍경을 만들려고 한다. 시는 허구다. 그러나 또 이런 말을 힘주어 할 게 아니다. 시와 삶의 경계도 없어졌다. 시는 더 이상 의지할 것도 없는 무소속이며 비로소 번외(番外)라고 할 수 있다. 다만, 무엇이든 키보드 위에 갖다 쓰면 시가 되고 키보드 앞에선 이제 좀 방심(放心)해도 된다. 아니다. 방심은 금물이다. 자만도 금물이다. 그럼에도 불구하고 이를테면 대상을 좀 놓쳐도 되고 그 대상을 놓아도 된다. 누구의 말인지 잊었지만 아마도 칸트 같은데… '유희(遊戱)' 비슷한 것 조금 맛보는 것도 괜찮을 것 같다. 유희여 희열이여 아주 가끔 자기 위안이여 자기만족이여 놀음이여 노름이여 도박이여 불법이여 무법이여 무시무비법(無是無非法)이여

고맙다.

대역 1

이것은 가설무대인가. 아님 현실인가. 가상인가. 이것도 대본인가. 당신은 누군가의 대역이란 말인가. 언어는 진리도 현실도 아니다. 저기 떠도는 구름의 끄트머리이며 환상일 것이다. 어느 작가 말마따나 시인은 우주의 한 모퉁이가 되는 걸까. 그런 시절이 있었다면 이미 끝났다. 다시 내가 웃고 있지만 이것은 내 인생이 아니다. 나는 무대 위의 단역 배우다. (차라리 빨리 늙어가자….) 이것은 말장난이 아니다. 그러나 또 말장난이라 해도 좋다. 말장난을 미워하지 말자. 차라리 농담 따먹기 하자. 정색하거나 진지한 자는 얼굴만 굳은 것이 아닐 것이다. 어떤 과거에 휘둘리고 있다는 것. 다시 저 쓸쓸함과 허구를 보라. 이제 다른 것을 보라. 다르게 사유하고 새로운 것을 사유하라. 한번만 다르게 해보자! 살면서 생각하면서 한 가지 몸짓(체위)만 고집할 것도 아니다. 좀 싱겁게 써도 된다. 간이 좀 안 맞아도 된다. 빵 한 조각 굽는다 해도 어떤 구상이나 창안을 할 수 있는 것 아닌가. 한 우물 파다 보면 이런저런 생각이 떠오를 때가 있다. 뭔가 가슴속에서 확 타오를 때가 있다. 아니다 그냥 가슴 뛸 때가 있다. 시는 바로 여기 가슴속으로부터 슬쩍슬쩍 드러나는 것이다. 거의 동시에 또 내 손이 움직일 시간이다. 나는 타이피스트다. 경로우대든 뭐든 나는 우선 타이피스트다. 그 일은 무슨 특권도 아니고 부귀영화를 누릴 수 있는 것도 아니다. 만에 하나라도 그런 게 있으면 지체 없이 반납되어야 한다. 또 여기서 말하기엔 어색하지만 다른 직종에서도 특히 어떤 공적인 직책을 갖고 있다면 정말 어떤 특권의식조차 포함하여 어떤 특권이 있다면 빠른 시일 내에 반납되어야 한다. 그 특권은 그들의 것이 아니다. 장삼이사의 눈높이보다 한 치라도 더 높은 특권은 조속히 그것을 위임한 이들에게 반납되어야 한다. 하다 보니 좀 과한 것 같다.

아니다. 뒷부분은 국회 관련 상임위의 발언 같다. 짝! 짝! 짝!

왜 또 할 말이 남았는가.

없다. 내 말은 아니고 시와 관련해서 급히 인용할 게 있다. 누군가 문학잡지를 우편으로 보내주었고 나는 그것을 읽었다. "모든 시가 소통과 이해, 주제 전달, 교훈과 감동을 위해 창작되고 읽혀야 한다는 전제는 오산이고 폭력이다. (…중략…) 시는 더 이상 소통을 지향하지 않는다. 시는 관습화, 상징화된 체제에 균열을 내고, 언어의 그물망을 더러 훼손시키기까지 한다. 시는 이른바 큰 타자에 복속된 상징계의 튼튼한 지지대가 아니다. 시는 잃어버린 팔루스나 젖가슴의 대체물도 아니다."(김효은, 『시와 징후』 창간호, '징후의 시학, 시는 언제 도착하는가' 중에서)

왜 쓰는가

무엇에 대해 쓰는 것보다 어떻게 쓰는 것보다 왜 쓰는가? 그런 것에 방점을 찍을 때가 있다. 왜 쓰는가. 왜 먹는가. 왜 투표하는가. 왜 만나는가. 왜, 왜, 이런 질문의 연속이 사유의 과정이 된다. 시는 무슨 정답을 찾아내는 게 아니다. 어떤 해결책도 아니고 어떤 의미도 아니다. 무엇을 단지 재현하는 것도 아니고 역사도 아니다. 오히려 어떤 느낌이 중요하고 안목(眼目)이 중요하다. 어려운 말이지만 시인은 어디서든 시인의 존재를 (속으로) 문제 삼으면서 존재할 것이다. 다만, 어디서든 말 많이 하지 마라. 넵! 밖에 나가선 시인인 척 하지 마라. 넵! 아니다 그냥 골방의 시인이 되어라. 넵! 왜 쓰는가. 이 길밖에 길이 없어 ○○ 중독자처럼 쓰고 또 쓴다고 할 텐가?

이 업계의 일이 그렇고 다른 업종도 그렇지 않을까. 지금은 이 업종의 일이 타 업종보다 낙후되었다고 생각할 때가 있다. 그리고 아직은 그럴 때가 아니겠지만 나도 어느덧 천천히 내 나이를 헤아려 볼 때가 있다. 거울 앞에 서면 내가 나를 보고 깜짝 놀랄 때도 있다. 내가 거울 밖에 있는지, 거울 속에 있는지. 나는 여기 있고 나는 또 거기 있는 걸까(졸시, 「다시, 거울 앞에서」). 결국 나를 돌아보게 된다. 자꾸 묻게 된다. 왜 쓰는가. 무엇이 시인가. 시는 무엇인가. 시인은 무엇인가. **작가란 무엇인가**. 나는 무엇인가. 또 묻게 되고 그러다 보면 비록 의식주를 해결하진 못한다 해도 글을 써서 먹고 사는 것이고, 또 글을 써야 먹고 살 수 있다. 그러나 어떻게 보면 늘 하던 일 또 하는 것이다. 굳이 되묻지도 않고 또 쓰게 된다.

지금 무슨 생각을 하고 있는가. 지금 어디에 있는가. 무엇을 그리워하는가. 지금 외로운가. 지금 괴로운가. 지금 어느 시대를 살고 있는가. 누굴 지지했는가. 지난 탄핵 정국과 대선 정국에서 무엇을 보고 무엇을 생각했는가. 지금 창밖을 보고 있는가. 오늘 옛 제자와 무슨 문자를 주고받았는가. 중랑천변 걸으며 무슨 생각을 하는가. 동일로 카페에서 그 후배 시인과 무슨 얘기를 나누었는가. 당신은 세상이 바뀔 수 있다고 생각하는가. 저 우물 밑에 무엇이 있는지 알고 있는가. 저 무의식 속엔 또 무엇이 있다는 것인가. 하늘도 아니고 땅도 아니고 바다도 아니고 그보다 더 큰 것은 또 무엇이란 말인가.

직관적인 나의 사유체계를 눈치 챈 것 같다. 그러나 나는 **잡탕밥**이다. 그리고 이것은 질문인가, 대답인가. 시가 묻는 것인가. 간만에 시가 웃고 있다. 저기 폐휴지 잔뜩 실은 리어카 노인도 시인이다. 폐휴지 가격이 구별(區別)마다 다르다는 것도 알고 있는가. 경로석에 앉아 있는 저 중년도 어느덧 시인이다. 여기저기 시와 삶과 혹은 문학과 인생과 혹은 일상과 예술 그 사이에 무슨 간격이 있고 무슨 거리가 있겠는가. 없다. 혼란이다. 아무것도 없다. 내 생각도 당신 생각도 곧 폐휴지가 될 것

이다. (당신은 춤을 추고 나는 쓴다. 당신도 결국 환상이었던
가? 나는 또 쓸 뿐이다.)

동문서답

좋은 시가 있는가. (없다.) 좋은 독자는 있는가. (있다.) 시의 깊
이가 있는가. (없다.) 시는 묘사라고 하는데 맞는 말인가. (아니
다.) 시를 어떻게 읽어야 하는가. (바람이 분다.) 시에서 자꾸 무
슨 의미를 찾으려고 한다. (엇!) 한 편의 시에서 시적 화자도 변할
수 있는가. (그렇다.) 시의 화자가 있는가. (차 마셔라!) 시의 주제
가 무엇인가. (깊이 호흡하라!) 시는 삶의 고백이기에 자전적일 수
밖에 없는가. (모르겠다!) 시는 선(先)지식인가, 따뜻한 시선인가.
(이미 알고 있는 관념이나 타자의 문법을 반복하지 마라. 무엇을
붕괴시킬 것인지 무엇을 몰락시킬 것인지 생각하라.) 시는 시선인
가, 아님 사유인가? (상계역 단골 술집도 문 닫았다.) 시를 쓸 때
들을 수 있는 귀가 필요한가, 말하는 입이 필요한가. (여름은 덥
고 겨울은 춥다!) 시는 시에 대한 반복적인 사유라고 생각하는
가. (그만 해라!) 생각이 많은가? (생각할 게 많다.) 우리의 삶은 반
복되어도 시는 우리가 이미 알고 있는 관념을 반복하지 않을 것
이다. (거기서 거기다.)* 무슨 말을 해야 하나. (삼구 이십칠이다.)*

*『운문록』(상)

무념무상

"달리가 그 유명한 〈기억의 고집〉을 완성한 저녁 그의 아내 갈라가 돌아와 이 그림을 보고 한 말은 "몰라, 더 이상 아무 생각도 나지 않아."였다. 그렇다. 그것은 헐벗은 절벽, 티 없이 푸른 하늘, 깨질 것만 같은 하늘, 사막처럼 텅 빈 공간, 아무도 살지 않는 침묵의 공간이었다. 내용은 다르지만 그때 나는 기사의 말을 듣고 아무 생각도 나지 않았다. 갑자기 이 세상에 구멍이 뚫리고 나는 멍하니 그 구멍을 본 셈이다. 현실, 세계, 언어 질서에 구멍이 뚫릴 때 그 구멍에는 의미가 없다. 시적 의미든 사회적 의미든 모든 의미는 짐이다. 이 짐을 털어버려야 한다. 결국 언어를 버린다는 것은 언어의 의미를 버린다는 말과 같고, 의미를 버리는 언어는 시니피앙(기표)과 시니피에(기의)의 거리가 소멸하는 언어이고, 기표가 바로 기의가 되는 언어이고, 바르트 식으로 말하면 카메라에 필름을 넣는 것을 잊고 셔터를 누르는 행위에 비유된다. 이때 섬광이 터지지만 이 빛은 아무것도 밝히거나 드러내지 않는다."(이승훈, 『영도의 시 쓰기』 중에서)

말이 난 김에 이승훈 교수의 말 하나 더! 들어보자. "김수영에게서 배울 것은 아직도 많다. 무엇보다 솔직성이다. 우리 시가 재미없는 것은 한결같이 많은 시인들이 자신을 드러내지 않기 때문이고, 자신을 드러내지 않는 것은 자신이 없기 때문이다."

시는 잠언이나 명상록이 아니다.

당근. 시는 잠언도 되지 못하고 물론 명상록이 될 까닭도 없다. 아픔은 그저 아픔이고 슬픔도 그저 슬픔이 된다. 지금은 잠언이나 명상록에 의지하던 중세시대가 아니다. 철학이나 도덕의 시대도 아니다. 그러나 철학과 도덕은 특히 공적 관계자는 여전히 중요하고 위로 올라갈수록 더 무겁고 더 엄격해야한다. 얼마 전 퇴임한 헌재 재판관의 말처럼 고위 공직자 뇌물, 정치인의 부패 등 횡령, 배임은 공적 제재를 제대로 강화해야한다는 것. "중한 건 중하게 하고 가벼운 건 가볍게 해야" 하지 않겠는가. 암튼 시는 이제 중한 것도 가벼운 것도 없다. 아무리 둘러보아도 지금은 시의 시대가 아니다. 아무리 기다려도 시의 시대였던 80년대는 돌아오지 않을 것이다. 좀 민망하지만 시인들뿐만 아니라 그 시대의 가수들도 돌아오지 않을 것이다. 그리고 또 지금은 시인이나 시가 설 땅이 없다. 카페에 가도 공원에 가도 앉을 만한 자리가 없다. 말이 길어졌지만 지금은 그렇다고 눈물과 웃음의 시대도 아니다. (그러나 다른 건 몰라도 웃음에 인색하지 말자. 웃음이 사라지고 나면 그 다음엔 미소마저 사라진다는 말이 있다.) 얼마 전 칠십 줄, 팔십 줄 노인들이 4호선 사당역 염소탕 집에서 탕을 한 그릇씩 비우고 소주도 한 병씩 비우고 일제히 일어나더라. 옆 테이블도 그 옆 테이블도… 그러나 방금 했던 말도 버려야 하고 방금 먹었던 염소

탕도 버려야 한다. 방금 왔던 길도 버려야 하고 4호선도 버려야 한다. 무엇이든 버려야 하고 무엇이든 잊어야 한다. 복잡할 것도 없다. 한 생각 일어났으면 그냥 휙 내려놓으면 된다. 손에 들고 있던 종이컵을 내려놓는다. 빈 컵이다. 이것은 또 컵이 아니다. 이것은 저 나무의 그림자일 뿐이다. 컵은 그 어디에도 없다. 찾아보라. 아니다. 검색해보라. 보라 손에 들고 있던 그 종이컵은 없다. 방금 했던 생각도 버려야 하고 아무 생각도 없어야 한다. 시도 잊자. 시를 썼으면 돌아앉아 잊어 먹자. 다시, 그 컵을 생각해도 되고 그 컵을 생각하지 않아도 된다. 그냥 한 칼에 과거를 베어라. 이제는 시도 바뀌어야 하고 시인도 바뀌어야 한다. 세상도 시대도 한 세대도 바뀌어야 하고 국민도 바뀌어야 한다. 작가 못지않게 독자도 **감수성**이 민감할 때가 있다.

"내 옆에 있던 그들은 한 마디만 하고 자리를 옮겼다 그들은 나를 피한 것이다 나는 그들이 나를 피한 이유를 알 수 없다 그들은 그렇게 멀리 간 것도 아니다 그들은 내 시도 피할 것 같다 그들은 나의 과거를 알고 있는 걸까/ 그러나 어제의 그 일보다 어떤 말을 들으면 어떤 말은 새겨듣고 어떤 말은 한 귀로 흘려보낼 수 있게 되었다 웃어넘길 수도 있게 되었고 말을 섞지 않고 피할 줄도 알게 되었다 옆에 있던 이가 이탈리아 여행 또 가자해도 (웃으면서) 그래 한번 생각해볼까! 이렇게 말할 줄도 안다/ 그러나 그보다 내가 그동안 얼마나 헛살았는지 내가 얼마나 통일된 문법에 길들여졌는지 내가 얼마나 꽉 막혔는지 여자들의 말을 어떻게 들어야 하는지 몰랐다 (남자는 여자들이 콕콕 짚어 주지 않으면 모르는 게 많다)/ 기표보다 기의에 충실했던 강박증이여 선명한 관념이여 학습적인 문법이여 이 생각 저 생각 그 놈의 잡동사니여 남루한 생각이여 남의 옷을 입고 살았던 사내여 **아버지의 이름**으로 살았던 남자여 아버지의 이름이 아니라 네 이름으로 살아야 할 남자야 남자라는 이름이여 불쌍한 남자여 아버지의 언어가 아니라 너의 언어로 살아야 할 남자야 말실수도 하고 헛소리도 하고 살아야 할 남자여 세상의 모든 헛말이여 보잘것없는 말이여/ 이걸 또 꿈이라고 해야 하나 농이라고 해야 하나 꿈속에서도 꿈 밖에서도 민감한 사내여 불쌍한 나의 사내여"(시-1)

92

"오래된 것에 기대게 되면 어떨까 오래된 것에 기대면 마치 우물에 빠진 것처럼 빠져나오지 못할까 영영 그곳에 갇혀 버릴까 저 상가의 지하 교회도 그런 곳일까 멀리 있는 것도 그런 걸까 막연한 것도 그런 걸까 멀리 있는 별도 그런 걸까 멀리 있는 태양도 그런 걸까. 서유럽의 구도심 거리도 그런 걸까 왜 자꾸 헤매게 되고 왜 또 생각하게 되는 걸까 여행은 왜 먼 곳일수록 더 여행 같을까/ 로마 판테온 신전과 트레비 분수 사이 난간에 걸터앉은 **만국의 관광객**들을 보았지 그 장엄한 신전보다 그들은 무슨 생각을 하고 있었을까 햄버거를 먹고 있거나 커피를 마시고 있거나 연인과 마주보며 담소를 나누는 이들을 보았다 그들은 오늘밤 무엇을 할까 (나는 걸어가면서 쓴다.) 나는 왜 거대한 신전보다 그들의 눈빛을 보았는지 알 수 없다 나는 왜 그들의 맑은 눈빛과 그들의 깊은 눈빛을 보았을까 나는 또 왜 그들의 뒷모습을 한참 보았을까 그들은 어디서 왔다가 또 어디로 가는 걸까"(시-2)

"그와 마주앉아 어떤 얘기를 나누었는데 망각의 슬픔이여 슬픔의 생각이여/ 김수영 어느 날 고궁 얘기 했다가 성(性) 얘기 했다가 김수영 평전과 육법전서와 혁명 얘기했다가 이승훈 잡채밥 했다가 늦은 밤 했다가 (4인용 자리에서 2인용 자리로 옮겨 앉은 다음) 방금 건넨 신간 시집 중에서 졸시 「없음의 철학」을 읽고 나서 다시 대추차 마시는 동안, 카페 안의 벽지와 창밖의 어둠에 관해 각자 한 마디씩 했다 동일로 카페에 들어온 지 삼십여 분 지나자 모든 테이블이 꽉 찼다 더 이상 무슨 얘기를 해도 들리지 않을 정도였다 미완의 대화여 대화의 미완이여/ 아 움베르토 에코와 김이듬 얘기 했는데 잘 들리지 않았다 저기 먹자골목 입구에 입을 크게 벌린 시인 천상병과 귀천이 있다 나는 입을 크게 벌린 저 벽화가 싫다 다시 그가 버지니아 울프의 '자기만의 방'과 대학 도서관 잔디밭 진입 사건과 연필 한 자루 사러 런던 시내 돌아다녔다는 에피소드 등을 들려줬다 그녀의 생애가 눈앞에 어른거렸다 저녁 7시 반, 좀 멀리 걸을 것 같지만 수락산역 3번 출구 앞에서 헤어졌다/ 돌아보지 않았다 돌아보면 더 돌아볼 것 같아 그냥 돌아섰다 그럴 땐 내가 참 안 됐다는 생각도 한다 충무공(忠武公) 이후 백의종군할 이는 없다 좀 전에 카페에서 문학의 끝은 뭐라고 했던가 시보다 시 아닌 것과 시 없는 것에 대해 생각할 것."(시-3)

"어느 장삼이사를 위하여—그래 그만 해도 되고 이젠 제발 그만 울어도 된다 그만큼 했으면 그만 해도 된다 누가 당신을 미워하면 당신도 그만큼 꼭 그만큼 미워하면 된다 그만큼 했으면 좀 덜 해도 괜찮다 미움 받아도 되고 좀 놓아도 되고 좀 놀아도 되고 좀 웃어도 되고 좀 쉬어도 된다 좀 돌아다녀도 된다/ 거짓말도 좀 하고 틀린 말도 좀 하고 농담도 좀 하고 쓸데없는 말도 좀 하고 맛집 좀 찾아다녀도 된다 생각이 좀 짧아도 되고 중간에 말을 툭 끊어도 된다 몇 년째 입지 않던 티셔츠는 버려도 되고 뒤축 심하게 닳은 신발은 수선집에 가서 굽갈이 하지 말고 그냥 버려도 된다/ 이젠 그만 해도 되고 조금씩 내 것만 챙겨도 된다 양보 안 해도 되고 남을 위해 웃지 않아도 되고 뒷담 해도 된다 호박씨 까도 되고 누군가 뒤에서 씹으면 당신도 뒤에서 씹으면 된다 이젠 좀 근사한 말이 싫어졌다 더 이상 속지 않으려고 마음을 다잡아본다 그럼 또 다른 게 뭘까 생각하게 된다 뭔가, 뭔가 허무하고 뭔가 부정해야 하고 뭔가 좀 더 **부정주의자**가 될 때, 나도 모르게 뭔가 탁 치는 게 있다 탁!"(시-4)

세상의 모든 나무들을 위히여

독백인가. 뒷담인가.

둘 다 아니다. 저 나무는 무엇인가. 이 삶은 무엇인가. 저 꽃은 어디서 왔는가. 저 구름은 또 어디서 왔는지. 얼마나 먼 곳에서 왔는지. 그대는 어디에 있는지. 얼마나 먼 곳에 있는지. 오래된 것은 무엇인지. 저 깊은 호수는 또 얼마나 깊은 것인지. 그것은 또 얼마나 깊은 것인지. 나무는 왜 거기 있는지. 바람은 어디서 오는 것인지. 늦은 밤 혼자 나서는 산책은 고독의 연장일까. 그것도 나를 견디는 힘일까. 아 그러나 참을 수 없네. 아 참을 수가 없네. 이 밤에 당신은 내 시를 읽고 있는가. 그럼에도 불구하고 늙지 말자. 아니다, 늙지 말 것! 시가 되지 못한 것들을 위하여, 시인이 되지 못했던 이들을 위하여 오늘은 침묵하자. 시도 삶도 온몸으로 겪어야 하고 또 온몸으로 살아내야 하는 것! 시도 삶도 결국 **발견**이 아니라 **발명**해내는 것! 산책 나갈 때마다 오늘 하루의 삶을 탕진하자는 것! 그냥 시가 있고 삶이 있다. 그렇게 생각하자. 현실적인 것과 비현실적인 것의 어긋남이 삶이고 시가 되는 것! 현충일인 오늘은 침묵하자. 강릉사범학교 졸업반 때, 육이오 학도병으로 갔다가 돌아가신 작은 외숙을 위하여… (묵념!)

웃음 1

웃음은 결코 진지하지 않다. 웃음은 복잡하지 않다. 웃어보아라. 어불성설 같지만 영혼이니 서정시니 경제성장이니 물가안정이니 선진국이니 용산이니 이런 말들이 이젠 너무 허탈하다. 또 평화나 정의나 공동체나 이런 말들도 조금이라도 무겁거나 엄숙하면 그것은 곧 억압이 된다. 뭔가 확실하게 선명하게 말할수록 의심하게 된다. 좋은 것도 아니고 나쁜 것도 아니다. 생각은 결코 무겁지도 않고 복잡하지도 않다. 시로 말하면 그냥 사건이나 사물 하나가 되는 것이다. 아닌가. 그것도 아니면 그냥 여백이거나 공백일 것이다. 때때로 여담이 될 것이다.

인정!

시는 만드는 게 아니다. 어떤 수사(修辭)도 없이 그냥 아주 작은 고뇌나 아픔이나 슬픔이 저 바닥에서부터 툭툭 터지는 것이다. 어떤 형식이 다가올 때가 있다. 시가 아니라 어떤 형식이 먼저 다가온다는 것이다. 소위 말하는 기의가 아니라 어떤 기표가 터질 때가 있다. 기표가 온다는 것! 아직 거기까지 이르지 못했지만 기표들이 모여서 벌이는 하룻밤의 잔치! 그리고 그냥 흘러가는 대로 쓰는 것! 돛대도 삿대도 없이 흘러가는 대로 쓰는 것! 시가 무겁다. 아직도 일선에 있다고 착각하지 마라. 퇴직남은 한쪽에 있어라.

넵!

이제 역사나 현실 문제는 그대의 것이 아니다.

넵!

잠깐, 지금 한국 사회에서 급한 게 뭘까.

사교육 등 각종 불평등으로 인한 기울어진 운동장. 그럼, 포기할 텐가. 아니다, 답이 없는 것 같다. 작금의 의대 쏠림과 이공계 기피 언제까지 방치할 것인가? (참고, 2025 네이처 인덱스 연구 리더; 선도적인 학술기관—세계 대학 순위 꼭 한번 검색해 보라. 중국의 과학 굴기가 바로 눈앞에 있다. 세계 10위 안에 1위 하버드대 미국 1개. 중국과학기술대, 베이징대 등 중국 9개. 그다음에 쓰촨대 11위, 스탠포드대 12위, 옥스퍼드대 14위, 도쿄대 19위. 취리히 연방 공대 24위, 서울대 47위, 카이스트 76위.) 오지선다형 객관식 말고, 서술형, 논술형, 토론형, 심층면접형 등 평가방법도 좀 다양화하자. 법카 등 단 한 푼의 국민 혈세라도 어떻게 물샐틈없이 감시하고 감사(監査)할 것인가. 인구수는 줄어드는데 각급 국가기관 등 작은 정부는 언제 어떻게 실현될 것인가. 3백여 개 공공기관도 통폐합하고 시도(市道) 광역화하고, 시군구(區) 및 읍면동(洞) 통폐합하고, 기술 관련 특성화 고교 및 각 시도 과학고, 예체능계 등 1개교씩 남겨두고, 단계적으로 일반고로 전환하고… (꿈같은 얘기다. 그만 하자.)

오늘의 시

오늘의 시는 또 무엇인가.

"불안이 불안을 반성하지 않는 것처럼/ 한국 정치가 한국 정치를 반성하지 않는 것처럼/ 한국 교육이 한국 교육을 반성하지 않는 것처럼 (…중략…) 그러나 시가 되지 않는 시를 써놓고/ 말이 되지 않는 소리를 하고 나서/ 반성 같은 것 하고 싶지 않을 때도 있다/ 권력이 권력을 반성하지 않는 것처럼/ 불의가 불의를 반성하지 않는 것처럼/ 진영이 진영을 반성하지 않는 것처럼/ 오후에 영(嶺)을 넘으니 먼 산에만 눈이 남아 있다"(졸시, 「오늘의 시 1」 중에서)

문학과 인생

당신은 문학 혹은 작가 애호가인가 또 인생 애호가인가. 문학과 인생에 대한 애호가인가. 어떻게 오랫동안 그런 태도를 일관되게 유지할 수 있는가. 당신이 지지했던 그 문학과 인생에 대해 한 발짝이라도 물러설 생각은 없는가.

그렇다. 다만, 인생은 좀 내려놓은 것 같은데 문학은 끝까지 가야 할 것 같다.

문학도 심지어 좀 괜찮은 인생이라 해도 아무도 주목하지 않는다. 그럼에도 불구하고 문학과 인생에 대한 친애하는 마음은 변함이 없는가.

그렇다.

이를테면 앞에서도 몇몇 분이 언급되었지만 한국문학에서 한결같이 지지했던 선배 문인들에 대해 앞으로도 변함없이 지지할 것인가. 그 선배들의 문학과 인생이 어딘가 피가 되고 살이 되었다는 것인가.

그렇다. 한 번 해병은 영원한 해병이다. 시인도 동지도 친구도 우정도 사랑도 연인도…. 모든 텍스트는 **상호텍스트**이다. (이승훈) 멀리서나마 한국문학사를 지지하고 있지만 그것도 역사가 되어 버렸다.

지난 봄 어느 토요일 오후 광화문 동십자각 무대 앞에 있었는가.

그렇다.

웃음 2

경유지 두바이 공항과 로마 베드로 광장과 바티칸 근처 현지식 스파게티 맛집과 오월의 햇볕과 콜로세움과 트레비 분수대 앞의 만국의 관광객과 골목과 신전과 A1 고속도로 상행선과 오르비에토 노을과 끝없는 들녘과 사이프러스와 베네치아 태양과 하늘과 바다와 운하와 헤밍웨이와 카사노바와 산 마르코 광장과 핫 초코와 오래된 골목과 피렌체 미켈란젤로 공원과 다비드 상과 두오모 성당과 다빈치와 미켈란젤로와 단테와 단테의 생애와 『신곡』과 번역 앱 놓고 대화 나누었던 피렌체 주민과 골목과 밀라노 도심 공원묘지 옆의 혼자 핀 장미 한 송이와 벤치의 노인과 움베르토 에코와 밀라노 대성당과 광장과 멋진 노부부와 루체른 로이스강과 폭우와 카펠교와 영상통화와 체르마트와 마테호른 산악열차에서의 팔십 줄 미국인 노부부와 인터라켄의 달빛과 창밖의 먼 산과 **서부역**과 **강변 산책로**와 융프라우와 안개와 바람과 저기 혼자 온 노인과 알프스의 산하와 취리히 리마트 강변과 한낮의 구도심 천천히 걷기와 취리히 중앙역 가까운 공원 벤치와 햇볕과 침묵과 담소와 여유와 미소와⋯ 모처럼 혼자 웃었다.

바람이 분다

바람이 분다.

민음사 김종삼 시선 『북치는 소년』(1979)의 황동규 선생의 권두 해설을 보면 '무시민주의자'가 등장한다. 물론 김종삼을 가리키는 말이지만 지금 생각해 봐도 여전히 대시민주의자와 소시민주의자가 횡행하는 시대에 마치 제3 지대 같은 혹은 급을 다 갖춘 보헤미안 같은… 특히 무시민주의자는 매우 생소했지만 무시민주의자의 문학적 처소가 가슴 언저리에 남았다. 눈 밝은 사람은 차마 외면하기 쉽지 않은 지점이었을 것이다. 문학청년이라면 도저히 간과할 수 없는 어떤 것. 그곳은 마치 좁아빠진 고시원처럼 어둡고 춥고 배고픈 곳. 햇볕도 들지 않고 두꺼운 담요 같은 커튼을 달아놓은 곳. 심지어 별도 달도 들지 않는 곳. 어딘가 슬프지만 슬프지도 않고 기쁘지만 기쁘지도 않은 곳. 한심하지만 낙담하지 않으려는, 낙담하지만 우울하지 않으려는, 우울하지만 주눅 들지 않으려고 하루에도 몇 번씩 주먹을 움켜쥐는 곳 아니었던가. 그러나 지금은 그곳으로부터 먼 곳에 있다. 다시, 그저 오늘의 어떤 증상을 달래기 위해 시를 쓴다, (나는 쓴다) 시를 쓴다, 그냥 쓴다. 바람이 분다, 바람이 분다. 바람이 불면 각자 자기 자신의 삶으로부터 시를 생각하게 되고, 각자 자기 자신의 언어로 시 쓰기를 시작하게 된다는 것. 그러나 또 언어는 휙 지나가는 허깨비에 지나지 않을 것이다. 바람이 불면 또 시를 생각하게 되고 바람이 불면 또 시 쓰기를 반복할 수밖에 없다는 것. 지금 여기서, 이 반복적인 일상이 또 이 끝에서 얻은 기쁨이며 저 끝까지 갈 수 있는 어느 타이피스트의 꿈같은 것이 되었다. 잠깐, 잠깐 꾸었다 깨던 꿈이여 일장춘몽이여. 이 밤에 풀벌레 우는 소리 같은 바람이 불면 또 생각한다. 이런들 저런들… 하여가 같은 세상이여 인생이여 사랑이여. 임 향한 일편단심… 단심가 같은 세상이여 인생이여 사랑이여. 또 바람이 분다 바람이 불면 나는 쓴다. 일어났다가 또 급히 앉아서 쓴다. 얼마 전 다녀왔던 아직도 생생한 한 편의 다큐 같던 체르마트에서 베른강 막 나타나기 전, 그 전(숲)구간을 다시 생각하게 된다. (나는 쓴다.) 마치 휙휙 지나가는 바람 같던 나무들과 산과 들녘과 자전거 타고 가던 중년 여자의 뒷모습과 구름과 하늘과 샛강이 나타났다. 또 금세 사라지던 그 구간을 눈 한번 떼지 않고 바라보던 그 사내를 생각한다. (오늘은 시가 나를 쓴다. 나는 없다.) (2025. 6.)

취리히의 밤

ⓒ강세환, 2025

1판 1쇄 인쇄__2025년 11월 20일
1판 1쇄 발행__2025년 11월 30일

지은이__강세환
펴낸이__양정섭

펴낸곳__독자노선
　　　　등록__제390-2025-000036호

제작·공급__경진출판
　　　　사업장주소__서울특별시 금천구 시흥대로 57길 17(시흥동, 영광빌딩), 203호
　　　　전화__070-7550-7776 팩스__02-806-7282
　　　　스마트스토어__https://smartstore.naver.com/kyungjinpub
　　　　이메일__mykyungjin@daum.net

값 12,000원
ISBN 979-11-995378-0-4 03810